BEI GRIN MACHT SICH IH.
WISSEN BEZAHLT

- Wir veröffentlichen Ihre Hausarbeit,
  Bachelor- und Masterarbeit

- Ihr eigenes eBook und Buch -
  weltweit in allen wichtigen Shops

- Verdienen Sie an jedem Verkauf

Jetzt bei www.GRIN.com hochladen
und kostenlos publizieren

Tamara Rachbauer

Praktikumsbericht Kommunikationsnetze I

Examicus Verlag

Bibliografische Information der Deutschen Nationalbibliothek:

Bibliografische Information der Deutschen Nationalbibliothek: Die Deutsche Bibliothek verzeichnet diese Publikation in der Deutschen Nationalbibliografie; detaillierte bibliografische Daten sind im Internet über http://dnb.d-nb.de/ abrufbar.

Copyright © 2007 GRIN Verlag GmbH
Druck und Bindung: Books on Demand GmbH, Norderstedt Germany
ISBN: 978-3-656-99426-8

http://www.examicus.de/e-book/186587/praktikumsbericht-kommunikationsnetze-i

Examicus - Verlag für akademische Texte

Der Examicus Verlag mit Sitz in München hat sich auf die Veröffentlichung akademischer Texte spezialisiert.

Die Verlagswebseite www.examicus.de ist für Studenten, Hochschullehrer und andere Akademiker die ideale Plattform, ihre Fachtexte, Studienarbeiten, Abschlussarbeiten oder Dissertationen einem breiten Publikum zu präsentieren.

Name, Vorname: Rachbauer Tamara

Matrikelnummer

Fachbereich: Medieninformatik (BA)

Modul: Kommunikationsnetze I

Semester: SS 2007

Praktikumsbericht

Kommunikationsnetze I

Bearbeiter : Tamara Rachbauer

Name, Vorname: Rachbauer Tamara

Matrikelnummer: MM | 100501

Inhaltsverzeichnis

Name, Vorname: Rachbauer Tamara
Matrikelnummer: MM | 100501

Aufgabe 1 - Ethernet/PPP/Codec

Es geht um Ihren persönlichen, privaten Internet-Anschluss. Der Fokus liegt auf der Übertragungsstrecke zwischen Ihrem Computer und Ihrer Telefongesellschaft/Ihrem Internet Service Provider.

Installieren Sie WinPcap und Ethereal auf Ihrem Rechner.

Mit welchen Protokollen stellen Sie die Verbindung zum Internet her? PPP oder Ethernet?

Ich benutze PPP.

Tracen Sie den Anmeldevorgang.

Im Anhang befindet sich der Originaltrace

No.	Time	Source	Destination	Protocol	Info
1	0.000000	172.17.47.140	10.0.0.138	TCP	1363 > pptp [SYN] Seq=0 Ack=0 Win=16384 Len=0 MSS=1460
2	0.018118	10.0.0.138	172.17.47.140	TCP	pptp > 1363 [SYN, ACK] Seq=0 Ack=1 Win=5840 Len=0 MSS=1460
3	0.018283	172.17.47.140	10.0.0.138	TCP	1363 > pptp [ACK] Seq=1 Ack=1 Win=17520 Len=0
4	0.018290	172.17.47.140	10.0.0.138	PPTP	Start-Control-Connection-Request
5	0.039277	10.0.0.138	172.17.47.140	TCP	pptp > 1363 [ACK] Seq=1 Ack=157 Win=6432 Len=0
6	0.039742	10.0.0.138	172.17.47.140	PPTP	Start-Control-Connection-Reply
7	0.039817	172.17.47.140	10.0.0.138	PPTP	outgoing-Call-Request
8	0.072113	10.0.0.138	172.17.47.140	PPTP	outgoing-Call-Reply
9	0.072257	10.0.0.138	172.17.47.140	PPP LC	Configuration Request
10	0.074175	172.17.47.140	10.0.0.138	PPTP	Set-Link-Info
11	0.075754	172.17.47.140	10.0.0.138	PPP LC	Configuration Request
12	0.093238	10.0.0.138	172.17.47.140	PPP LC	Configuration Reject
13	0.131191	10.0.0.138	172.17.47.140	TCP	pptp > 1363 [ACK] Seq=189 Ack=319 Win=7104 Len=0
14				GRE	Encapsulated PPP
15	1.648434	10.0.0.138	172.17.47.140	PPP LC	Configuration Request
16	1.648692	172.17.47.140	10.0.0.138	PPP LC	Configuration Ack
17	1.766925	10.0.0.138	172.17.47.140	GRE	Encapsulated PPP
18	2.071539	172.17.47.140	10.0.0.138	PPP LC	Configuration Request
19	2.089192	10.0.0.138	172.17.47.140	PPP LC	Configuration Reject
20	2.089430	172.17.47.140	10.0.0.138	PPP LC	Configuration Request
21	2.107661	10.0.0.138	172.17.47.140	PPP LC	Configuration Ack
22	2.107921	172.17.47.140	10.0.0.138	PPTP	Set-Link-Info
23	2.108087	172.17.47.140	10.0.0.138	PPP LC	Identification
24	2.108112	172.17.47.140	10.0.0.138	PPP LC	Identification
25	2.108141	172.17.47.140	10.0.0.138	PPP PA	Authenticate-Request
26	2.125653	10.0.0.138	172.17.47.140	TCP	pptp > 1363 [ACK] Seq=189 Ack=373 Win=7504 Len=0
27	2.147048	10.0.0.138	172.17.47.140	PPP PA	Authenticate-Ack
28	2.147276	172.17.47.140	10.0.0.138	PPP IP	Configuration Request
29	2.148828	172.17.47.140	10.0.0.138	PPP IP	Configuration Request
30	2.148858	172.17.47.140	10.0.0.138	PPP IP	Configuration Ack
31	2.167285	10.0.0.138	172.17.47.140	PPP IP	Configuration Reject
32	2.167488	10.0.0.138	172.17.47.140	PPP IP	Configuration Nak
33	2.169029	172.17.47.140	10.0.0.138	PPP IP	Configuration Request
34	2.186985	10.0.0.138	172.17.47.140	PPP IP	Configuration Nak
35	2.187245	172.17.47.140	10.0.0.138	PPP IP	Configuration Request
36	2.204496	10.0.0.138	172.17.47.140	PPP IP	Configuration Ack
37	2.235956	85.124.73.165	255.255.255.255	DHCP	DHCP Inform - Transaction ID 0x5a01aa48
38	2.357808	10.0.0.138	172.17.47.140	GRE	Encapsulated PPP

Welches Protokoll wird von PPP gekapselt und welche HEX-Nummer hat es?

Siehe nachfolgenden Ausschnitt aus dem Anmeldevorgangs-Trace

4

No.   Time   Source   Destination   Protocol Info

14 0.193509   172.17.47.140   10.0.0.138   GRE   Encapsulated PPP

Frame 14 (46 bytes on wire, 46 bytes captured)

Ethernet II, Src: 3com_ba:a5:ee (00:50:da:ba:a5:ee), Dst: Cisco_d8:58:00 (00:09:b6:d8:58:00)

Internet Protocol, Src: 172.17.47.140 (172.17.47.140), Dst: 10.0.0.138 (10.0.0.138)

Generic Routing Encapsulation (PPP)

Flags and version: 0x2081

Protocol Type: PPP (**0x880b**)

Payload length: 0

Call ID: 41180

Acknowledgement number: 1

Welche Übertragungsmedien (inkl. Steckern) werden auf dieser Strecke (für Sie sichtbar) verwendet?

Unter Ethernet II kann man jeweils die MAC Adresse der angesprochenen Netzwerkkarte sehen.

z.B. Ethernet II, Src: Cisco_d8:58:00 (00:09:b6:d8:58:00)

Stellen Sie für das Symbol "M" in ASCII-Codierung den Ternärcode (positives Alphabet) an der U-Schnittstelle eines ISDN-Anschlusses dar.

4B/3T-Code → M entspricht in Binärdarstellung: 0100 1101 umgewandelt in

Ternärwort pos. Alphabet: + + 0 0 0 +

(0100 entspricht + + 0 und 1101 entspricht 0 0 +)

Binär-Wort	Ternärwort pos. Alphabet			Ternärwort neg. Alphabet			DWS/Ternär-wort
1 1 1 0		0 +	-		0 +	-	
1 1 1 1		- 0	+		- 0	+	
0 0 0 0		+ 0	-		+ 0	-	
0 0 0 1		- +	0		- +	0	0
0 0 1 0		0 -	+		0 -	+	
0 0 1 1		+ -	0		+ -	0	
1 0 0 0	+	+	-	-	-	+	
1 0 0 1	-	+	+	+	-	-	
1 0 1 0	+	-	+	-	+	-	+1, -1
1 0 1 1	+	0	0	-	0	0	
1 1 0 0	0	+	0	0	-	0	
1 1 0 1	0	0	+	0	0	-	
0 1 0 0	+	+	0	-	-	0	
0 1 0 1	0	+	+	0	-	-	+2, -2
0 1 1 0	+	0	+	-	0	-	
0 1 1 1	+	+	+	-	-	-	+3, -3
DWS inner-halb eines Alphabets	0 bis +3			-3 bis 0			
Alphabet verwenden bei rds =	-2; -1; 0			2; 1; 0			

Geben Sie den DWS der Codierung aus der vorherigen Aufgabe an.

Zuordnung der Wertigkeiten: +, -, 0 ↔ +1, -1, 0

DWS des Ternärworts (+, +, 0, 0, 0, +): (+1+1 0 0 0 +1) = +3

Welchen Gleichspannungsanteil hätte die reine ASCII-Codierung mittels NRZ-Verfahren?

Codierungsvorschrift:

"0" ↔ U_L=0V

"1" ↔ U_H

d.h. (0100 1101):(0V U_H 0V 0V U_H U_H 0V U_H) =5 U_H

6

ufgabe 2 - IP

elche IP-Adresse, Subnetzmaske, Standard Router und DNS Server sind

nen von Ihrem Internet Provider zugewiesen? Wie haben Sie die Daten er-

ittelt?

ber Start-Ausführen cmd: ipconfig /all

Name, Vorname: Rachbauer Tamara

Matrikelnummer: MM | 100501

Routing-Tabelle mit Subnetzen

Eine Firma hat das Class C Netz 193.200.64.0 zugewiesen bekommen. Es sollen zwei Räume mit je höchstens 20 PCs mit Subnetzen eingerichtet werden. In einem Subnetz ist zum Ausprobieren der Routing-Tabellen Host A installiert, im anderen Subnetz Host B. R2 verbindet beide Subnetze. Router R1 liefert den Zugang zum Netz. R ist ein Router im Netz beim Service-Provider.
Legen Sie eine mögliche Subnetz-Maske und die Adressen für die Subnetze fest.
Weisen Sie den Hosts und Router-Interfaces Adressen zu. Tragen Sie die Adressen in die Zeichnung ein.
Legen Sie die Einträge in den Routing-Tabellen für Host A, Host B sowie R1 und R2 fest.
Welchen Eintrag in der Routing-Tabelle braucht R, damit die Firma erreicht werden kann ?
Wie sieht die Netzwerkmaske aus?

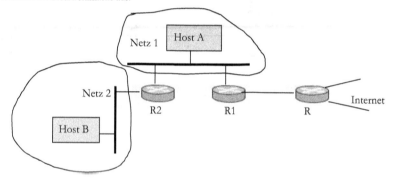

Bei 20 Hosts 2hoch 5 − 2 = 30 d.h. 5 Bits für Host und 3 Bits für Subnet

255.255.255.11100000 = 255.255.255.224; Subnetze in 256-224=32er Schritten

d.h. das Class C Netz 193.200.64.0 /32 wird aufgeteilt in die Subnetze

Netz 1: 193.200.64.32 / 27 und

Netz 2: 193.200.64.64 / 27

Host A: 193.200.64.35 / 27

Host B: 193.200.64.66 / 27

R2: 193.200.64.33 / 27 bei Netz 1 und 193.200.64.65 / 27 bei Netz 2

R1: 193.200.64.34 / 27 bei Netz 1und 193.200.64.1

Name, Vorname: Rachbauer Tamara

Matrikelnummer: MM | 100501

Routing Tabellen:

Host A: Default Gateway R2 193.200.64.33 / 27 (=R2)

Host B: Default Gateway R2 193.200.64.65 / 27 (=R2)

R2: Default Gateway 193.200.64.34 / 27 (=R1)

R1: 193.200.64.64 / 27 (=Netz 2) 193.200.64.34 / 27 (=R2)

R: 193.200.64.32 / 27 (=Netz 1) 193-200.64.1 / 32 (=R1) und 193.200.64.64 (=Netz 2) 193.200.64.1 / 32 (=R1)

Aufgabe 3 – TCP/UDP

UDP Senden von Paketen

Erzeugen Sie mit dem socket_test Programm zwei UDP-Sockets (Open->socket(DATAGRAM)) und weisen Sie einem der beiden Sockets eine Port-Nummer zu (Name->bind). Senden Sie drei Pakete verschiedener Länge mit verschiedenen Texten: Paket 1 soll 100 Bytes lang sein ('Paket 1'); Paket 2 soll 20 Bytes lang sein ('Paket 2'); Paket 3 soll 50 Bytes lang sein; ('Paket 3') (Communicate->sendto).

Lesen Sie die Pakete aus (Communicate->recvfrom). Können Sie alle Pakete auf einmal auslesen? Wie ist die Größe der empfangenen Pakete?

Nein, da man immer die Bytegröße des Paketes angeben muss, das man lesen möchte. Die Größe der empfangenen Pakete ist gleich wie bei den gesendeten Pakten, wobei man 8 Byte für den UDP-Header rechnen muss.

Senden Sie Pakete, die größer sind als die MTU und analysieren Sie die Pakete. Wird fragmentiert?

MTU in einem UDP-Datagramm höchstens 65507 Bytes. UDP kümmert sich nicht um die **MTU (maximum transmission unit)** des angeschlossenen physikalischen Interfaces und sendet Datagramme unabhängig davon. Wenn die Datagramm-Größe die MTU überschreitet, muss daher IP das Datagramm fragmentieren. Sende ich Pakete einer Größe von 70000 Bytes, dann bekomme ich die Meldung Sento(): failed! error: Eine Nachricht, die über einen Datagrammsocket gesendet wurde, war für den internen Nachrichtenpuffer oder ein anderes Netzwerklimit zu groß, oder der Puffer für den Datagrammempfang war für das Datagramm zu klein. 10040

Analysieren Sie die UDP-Header.

Da Loopback-Interface unter Windows nicht getraced werden kann, habe ich 2 unterschiedliche UDP-Header meiner Internetverbindung verwendet:

UDP-Header 1

User Datagram Protocol, Src Port: 6881 (6881), Dst Port: 6881 (6881)

Source port: 6881 (6881)

Destination port: 6881 (6881)

Length: 71

Checksum: 0xb962 [correct]

Data (63 bytes)

UDP-Header 2

User Datagram Protocol, Src Port: 6889 (6889), Dst Port: 6881 (6881)

Source port: 6889 (6889)

Destination port: 6881 (6881)

Length: 50

Checksum: 0xf6bf [correct]

Data (42 bytes)

Bei diesen beiden UDP-Headern wird deutlich sichtbar, dass zwar die Länge 71Byte bzw. 50Byte ausmacht, die Datengröße aber jeweils um 8Byte niedriger ist. Diese 8Byte sind die Länge der UDP-Headers. (Die Länge entspricht der Länge des UDP-Headers und der Daten in Byte)

Sender Port und Empfänger Port: Mit den Port-Nummern werden die Anwenderprozesse auf der Sender- und Empfängerseite identifiziert.

Länge: Länge des UDP-Headers und der Daten in Byte.

Checksum: Ist optional und wird berechnet aus dem Header und den Daten (zur Erinnerung: Bei IP wird die Checksum nur aus dem IP-Header berechnet). Die Checksum sollte immer berechnet werden, obwohl es Anwendungen gibt, die aus Geschwindigkeitsgründen auf die Berechnung verzichten. Zur Berechnung der Checksum wird ein sog. Pseudo-Header benutzt, in dem unter anderem die IP-Adressen stehen.

Name, Vorname: Rachbauer Tamara

Matrikelnummer: MM | 100501

TCP Senden von Paketen

Bauen Sie mit dem socket_test Programm eine TCP-Verbindung auf zwischen einem Server-Socket (*Open->socket(STREAM)*, *Open->bind*, *open->listen*, *Open->accept*) und einem Client-Socket (*Open->socket(STREAM)*, *Open->connect*). Senden Sie drei Pakete verschiedener Länge mit verschiedenen Texten: Paket 1 soll 100 Bytes lang sein; Paket 2 soll 20 Bytes lang sein; Paket 3 soll 50 Bytes lang sein; (*Communicate->send*).

Lesen Sie die Pakete aus (*Communicate->recv*). Können Sie alle Pakete auf einmal auslesen? Wie ist die Größe der empfangenen Pakete?

Nein, auch hier muss man wieder die Größe des Paketes angeben, das man auslesen möchte. Die Größe der Pakete ist die gleiche wie beim Senden. Von dieser Größe muss noch die Größe des Headers abegozgen werden.

Senden Sie Pakete, die größer sind als die MTU und analysieren Sie die Pakete. Wird fragmentiert?

Sobald ein Segment größer als die MTU ist, muss es unweigerlich fragmentiert werden. In normalen Ethernetsystemen ist die MTU und MRU fix auf 1500 Byte definiert. Das erlaubt also maximal ein TCP-Segment mit 1460 Byte (40 Byte sind ja fix durch den Header definiert!).

Wie groß ist das angebotene Fenster (window) des Empfängers?

Zur Analyse des TCP-Headers habe ich wie bei UDP einen TCP-Header meiner Internetverbindung getracet.

Transmission Control Protocol, Src Port: 3209 (3209), Dst Port: epmap (135), Seq: 0, Ack: 0, Len: 0

Source port: 3209 (3209)

Destination port: epmap (135)

Sequence number: 0   (relative sequence number)

Header length: 28 bytes

Flags: 0x0002 (SYN)

0... .... = Congestion Window Reduced (CWR): Not set

.0.. .... = ECN-Echo: Not set

..0. .... = Urgent: Not set

...0 .... = Acknowledgment: Not set

.... 0... = Push: Not set

.... .0.. = Reset: Not set

.... ..1. = Syn: Set

....0 = Fin: Not set

Window size: 65280

Checksum: 0x9f0d [correct]

Options: (8 bytes)

Maximum segment size: 1360 bytes

NOP

NOP

SACK permitted

Port: Mit den Port-Nummern werden die Anwenderprozesse auf der Sender- und Empfängerseite identifiziert.

Sequence number: Byte Zähler. Gibt das erste Byte im Segment an (außer im SYN-Segment). Im SYN-Segment ist es die Initial Sequence Number (ISN); das erste Datenbyte ist ISN +1.

Window: Die Anzahl der Bytes - beginnend mit dem Byte, auf das die Acknowledgment Number zeigt - die der Sender dieses Segmentes bereit ist zu empfangen.

Checksum: Wird berechnet aus dem Header und den Daten. (Zur Erinnerung: Bei IP wird die Checksum nur aus dem IP-Header berechnet). Zur Berechnung der Checksum wird ein sog. Pseudo-Header benutzt, in dem unter anderem die IP-Adressen stehen. Wenn ein Checksum-Fehler beim Empfänger auftritt, wird das Segment ohne irgendwelche Benachrichtigungen verworfen.

Options: Am Ende des TCP-Headers können Optionen stehen. Die meisten TCP-Header beinhalten keine Optionen und haben damit eine Länge von 20 Bytes.

Maximum segment size: Damit wird die maximale Größe eines Datenblocks angegeben, der gesendet werden darf. TCP geht von der MTU des physikalischen Interfaces aus und berechnet daraus MSS.

Aufgabe 4 – Mail Benutzung

Beschreiben Sie, welche Mail Programme und welche Service-Provider Sie benutzen.

Outlook, Inode

Welches Mail-Prinzip benutzen Sie (POP3, IMAP4, Web-Mail)?

POP3, Web-Mail

Wie würden Sie vorgehen, wenn Sie auf Ihre Mailbox von verschiedenen Rechnern aus zugreifen wollen?

Ich würde Web-Mail oder IMAP4 verwenden.

Wie und wann löschen Sie die Mail in der Mailbox bei dem Service-Provider? Archivieren Sie Ihre Mails?

Da ich Outlook und somit POP3 verwende, werden die Mails auf meinen Rechner kopiert und aus der Mailbox beim Service-Provider gelöscht. Ich archiviere meine Mails auf meinem Rechner.

Wie viel Speicherplatz stellt Ihnen der Service-Provider für Ihre Mailbox zur Verfügung?

60MB

Wie lange können Sie Ihre Mail auf der Mailbox beim Service-Provider belassen?

Keine Einschränkungen diesbezüglich.

Können Sie bestimmte Mails wie Spam-Mails, virenbefallene Mails oder Mails, die Ihnen zu groß sind, beim Service-Provider löschen ohne diese auf Ihren Rechner zu übertragen? Werden dabei bestimmte Kommandos benutzt, z.B. TOP?

Ja, mittels Webmail. Ob dabei bestimmte Kommandos verwendet werden, kann ich nicht sagen, da man nur „Häckchen" in einer Eingabemaske setzen muss.

Name, Vorname: Rachbauer Tamara

Matrikelnummer: MM | 100501

Haben Sie schon Mails verschlüsselt übertragen? Welches Verschlüsselungs-
Prinzip benutzen Sie dabei (PGP, S/MIME, PEM, SSL, APOP)?

Ja, PGP

Tracen Sie das Abholen von Mails mittels POP3, wobei die Mails in Ihrem
Postfach nicht gelöscht werden sollen. Senden Sie sich anschließend selbst
eine Mail und tracen Sie dann noch einmal das Abholen der Mails aus Ihrem
Briefkasten. Werden die schon übertragenen Mails ein zweites Mal übertragen? Können Sie in Ihrem Mail-Programm einstellen, dass die schon übertragenen Mails beim nachfolgenden Abholen der Mails nicht noch einmal übertragen werden? Welche Kommandos werden hierbei benutzt?

Testumgebung: Windows 2000, Ethereal 0.9.15, Wincap 3.0, xDSL, Outlook 2003

Hierbei erfolgt zuerst die Anmeldung am Server (Kommando: - USER - PASS)

Danach wird der Inhalt der Mailbox abgefragt (Kommando: - STAT)

Name, Vorname: Rachbauer Tamara

Matrikelnummer: MM | 100501

Dann werden die Größe der einzelnen Mails abgerufen (Kommando: - LIST)

Als nächstes wird die UIDL jeder Mail abgefragt (Kommando: - UIDL)

Da bisher keine Mails abgerufen, wurden werden jetzt alle Mails auf dem Server empfangen
(Kommando: - RETR)

Als letztes wird die Verbindung beendet (Kommando: - QUIT)

Da die Nachrichten auf dem Server bleiben, wird das Kommando DELE nicht

No. -	Time	Source	Destination	Protocol	Info
185	3.453125	217.13.200.24	85.124.73.197	POP	Response: +OK
186	3.453125	217.13.200.24	85.124.73.197	TCP	pop3 > 2245 [FIN, ACK] Seq=73 Ack=60 win=5840 Len=0
187	3.453125	85.124.73.197	217.13.200.24	TCP	2245 > pop3 [ACK] Seq=60 Ack=74 win=17608 Len=0
188	3.453125	85.124.73.197	217.13.200.24	TCP	2245 > pop3 [FIN, ACK] Seq=60 Ack=74 win=17608 Len=0
189	3.468750	85.124.73.197	217.13.200.24	TCP	2247 > pop3 [SYN] Seq=0 Ack=0 win=16384 Len=0 MSS=1360
190	3.515625	217.13.200.24	85.124.73.197	TCP	pop3 > 2245 [ACK] Seq=74 Ack=61 win=5840 Len=0
191	3.515625	217.13.200.24	85.124.73.197	TCP	pop3 > 2247 [SYN, ACK] Seq=0 Ack=1 win=5840 Len=0 MSS=1460
192	3.515625	85.124.73.197	217.13.200.24	TCP	2247 > pop3 [ACK] Seq=1 Ack=1 win=17680 Len=0
193	3.578125	217.13.200.24	85.124.73.197	POP	Response: +OK <8524.1176402136@mail14.worldserver.net>
194	3.578125	85.124.73.197	217.13.200.24	POP	Request: USER tamara@pendular.net
195	3.625000	217.13.200.24	85.124.73.197	TCP	pop3 > 2247 [ACK] Seq=46 Ack=27 win=5840 Len=0
196	3.625000	217.13.200.24	85.124.73.197	POP	Response: +OK
197	3.625000	85.124.73.197	217.13.200.24	POP	Request: PASS tam1
198	3.671875	217.13.200.24	85.124.73.197	POP	Response: +OK
199	3.687500	85.124.73.197	217.13.200.24	POP	Request: STAT
200	3.734375	217.13.200.24	85.124.73.197	POP	Response: +OK 3 27666
201	3.734375	85.124.73.197	217.13.200.24	POP	Request: UIDL
202	3.781250	217.13.200.24	85.124.73.197	POP	Response: +OK
203	3.921875	85.124.73.197	217.13.200.24	TCP	2247 > pop3 [ACK] Seq=50 Ack=77 win=17604 Len=0
204	3.968750	217.13.200.24	85.124.73.197	POP	Continuation
205	3.968750	85.124.73.197	217.13.200.24	POP	Request: LIST
206	4.015625	217.13.200.24	85.124.73.197	POP	Response: +OK
207	4.140625	85.124.73.197	217.13.200.24	TCP	2247 > pop3 [ACK] Seq=56 Ack=232 win=17449 Len=0
208	4.187500	85.124.73.197	217.13.200.24	POP	Request: RETR 2
209	4.187500	217.13.200.24	85.124.73.197	POP	Response: +OK
210	4.234375	217.13.200.24	85.124.73.197	POP	Continuation
211	4.250000	217.13.200.24	85.124.73.197	POP	Continuation
212	4.250000	85.124.73.197	217.13.200.24	TCP	2247 > pop3 [ACK] Seq=64 Ack=1626 win=17680 Len=0
213	4.312500	217.13.200.24	85.124.73.197	POP	Continuation
214	4.312500	217.13.200.24	85.124.73.197	POP	Continuation
215	4.312500	85.124.73.197	217.13.200.24	TCP	2247 > pop3 [ACK] Seq=64 Ack=4346 win=17680 Len=0
216	4.312500	217.13.200.24	85.124.73.197	POP	Continuation
217	4.468750	85.124.73.197	217.13.200.24	TCP	2247 > pop3 [ACK] Seq=64 Ack=4519 win=17507 Len=0
218	5.296875	85.124.73.197	217.13.200.24	POP	Request: RETR 3
219	5.343750	217.13.200.24	85.124.73.197	POP	Response: +OK
220	5.343750	217.13.200.24	85.124.73.197	POP	Continuation
221	5.343750	85.124.73.197	217.13.200.24	TCP	2247 > pop3 [ACK] Seq=72 Ack=5885 win=17680 Len=0
222	5.359375	217.13.200.24	85.124.73.197	POP	Continuation
223	5.406250	217.13.200.24	85.124.73.197	POP	Continuation

```
0000  03 00 00 00 02 aa 98   20 52 41 53 00 b4 03 02      ........  RAS....
0010  03 52 54 53 53 03 00 00   00 00 00 2B 00 01 00 00      BTSS
```
[File: "C:\DOKUME~1\ADMINI~1\LOK [P: 283 D: 283 M: 0 Drops: 0

Der Anfang dieser Abfrage ist derselbe wie vorher, deshalb gehe ich hier nicht genauer dar-
auf ein.

Der Unterschied besteht darin, dass die bereits übertragene Mail nicht noch einmal herunter
geladen wird. Da jede Mail durch ihre UIDL eindeutig Identifiziert wird, lädt der Mailclient
nur noch die Mail 2 und 3 herunter.

Anhang – Traces:

No.   Time   Source   Destination   Protocol Info

1 0.000000   172.17.47.140   10.0.0.138   TCP   1363 > pptp [SYN] Seq=0 Ack=0 Win=16384 Len=0 MSS=1460

Frame 1 (62 bytes on wire, 62 bytes captured)

Ethernet II, Src: 3com_ba:a5:ee (00:50:da:ba:a5:ee), Dst: Cisco_d8:58:00 (00:09:b6:d8:58:00)

Internet Protocol, Src: 172.17.47.140 (172.17.47.140), Dst: 10.0.0.138 (10.0.0.138)

Transmission Control Protocol, Src Port: 1363 (1363), Dst Port: pptp (1723), Seq: 0, Ack: 0, Len: 0

No.   Time   Source   Destination   Protocol Info

2 0.018118   10.0.0.138   172.17.47.140   TCP   pptp > 1363 [SYN, ACK] Seq=0 Ack=1 Win=5840 Len=0 MSS=1460

Frame 2 (62 bytes on wire, 62 bytes captured)

Ethernet II, Src: Cisco_d8:58:00 (00:09:b6:d8:58:00), Dst: 3com_ba:a5:ee (00:50:da:ba:a5:ee)

Internet Protocol, Src: 10.0.0.138 (10.0.0.138), Dst: 172.17.47.140 (172.17.47.140)

Transmission Control Protocol, Src Port: pptp (1723), Dst Port: 1363 (1363), Seq: 0, Ack: 1, Len: 0

No.   Time   Source   Destination   Protocol Info

3 0.018283   172.17.47.140   10.0.0.138   TCP   1363 > pptp [ACK] Seq=1 Ack=1 Win=17520 Len=0

Name, Vorname: Rachbauer Tamara
Matrikelnummer: MM | 100501

Frame 3 (54 bytes on wire, 54 bytes captured)

Ethernet II, Src: 3com_ba:a5:ee (00:50:da:ba:a5:ee), Dst: Cisco_d8:58:00 (00:09:b6:d8:58:00)

Internet Protocol, Src: 172.17.47.140 (172.17.47.140), Dst: 10.0.0.138 (10.0.0.138)

Transmission Control Protocol, Src Port: 1363 (1363), Dst Port: pptp (1723), Seq: 1, Ack: 1,
Len: 0

No.	Time	Source	Destination	Protocol	Info
4	0.018290	172.17.47.140	10.0.0.138	PPTP	Start-Control-Connection-

Request

Frame 4 (210 bytes on wire, 210 bytes captured)

Ethernet II, Src: 3com_ba:a5:ee (00:50:da:ba:a5:ee), Dst: Cisco_d8:58:00 (00:09:b6:d8:58:00)

Internet Protocol, Src: 172.17.47.140 (172.17.47.140), Dst: 10.0.0.138 (10.0.0.138)

Transmission Control Protocol, Src Port: 1363 (1363), Dst Port: pptp (1723), Seq: 1, Ack: 1,
Len: 156

Point-to-Point Tunnelling Protocol

No.	Time	Source	Destination	Protocol	Info
5	0.039277	10.0.0.138	172.17.47.140	TCP	pptp > 1363 [ACK] Seq=1

Ack=157 Win=6432 Len=0

Frame 5 (60 bytes on wire, 60 bytes captured)

Ethernet II, Src: Cisco_d8:58:00 (00:09:b6:d8:58:00), Dst: 3com_ba:a5:ee (00:50:da:ba:a5:ee)

Internet Protocol, Src: 10.0.0.138 (10.0.0.138), Dst: 172.17.47.140 (172.17.47.140)

Transmission Control Protocol, Src Port: pptp (1723), Dst Port: 1363 (1363), Seq: 1, Ack:
157, Len: 0

Name, Vorname: Rachbauer Tamara

Matrikelnummer: MM | 100501

No.	Time	Source	Destination	Protocol	Info
6	0.039742	10.0.0.138	172.17.47.140	PPTP	Start-Control-Connection-Reply

Frame 6 (210 bytes on wire, 210 bytes captured)

Ethernet II, Src: Cisco_d8:58:00 (00:09:b6:d8:58:00), Dst: 3com_ba:a5:ee (00:50:da:ba:a5:ee)

Internet Protocol, Src: 10.0.0.138 (10.0.0.138), Dst: 172.17.47.140 (172.17.47.140)

Transmission Control Protocol, Src Port: pptp (1723), Dst Port: 1363 (1363), Seq: 1, Ack: 157, Len: 156

Point-to-Point Tunnelling Protocol

No.	Time	Source	Destination	Protocol	Info
7	0.039817	172.17.47.140	10.0.0.138	PPTP	Outgoing-Call-Request

Frame 7 (222 bytes on wire, 222 bytes captured)

Ethernet II, Src: 3com_ba:a5:ee (00:50:da:ba:a5:ee), Dst: Cisco_d8:58:00 (00:09:b6:d8:58:00)

Internet Protocol, Src: 172.17.47.140 (172.17.47.140), Dst: 10.0.0.138 (10.0.0.138)

Transmission Control Protocol, Src Port: 1363 (1363), Dst Port: pptp (1723), Seq: 157, Ack: 157, Len: 168

Point-to-Point Tunnelling Protocol

No.	Time	Source	Destination	Protocol	Info
8	0.072113	10.0.0.138	172.17.47.140	PPTP	Outgoing-Call-Reply

Frame 8 (86 bytes on wire, 86 bytes captured)

Ethernet II, Src: Cisco_d8:58:00 (00:09:b6:d8:58:00), Dst: 3com_ba:a5:ee (00:50:da:ba:a5:ee)

Internet Protocol, Src: 10.0.0.138 (10.0.0.138), Dst: 172.17.47.140 (172.17.47.140)

Transmission Control Protocol, Src Port: pptp (1723), Dst Port: 1363 (1363), Seq: 157, Ack: 325, Len: 32

Point-to-Point Tunnelling Protocol

No.	Time	Source	Destination	Protocol	Info
9	0.072257	10.0.0.138	172.17.47.140	PPP LCP	Configuration Request

Frame 9 (64 bytes on wire, 64 bytes captured)

Ethernet II, Src: Cisco_d8:58:00 (00:09:b6:d8:58:00), Dst: 3com_ba:a5:ee (00:50:da:ba:a5:ee)

Internet Protocol, Src: 10.0.0.138 (10.0.0.138), Dst: 172.17.47.140 (172.17.47.140)

Generic Routing Encapsulation (PPP)

Flags and version: 0x3001

Protocol Type: PPP (0x880b)

Payload length: 18

Call ID: 16384

Sequence number: 0

Point-to-Point Protocol

PPP Link Control Protocol

No.	Time	Source	Destination	Protocol	Info
10	0.074175	172.17.47.140	10.0.0.138	PPTP	Set-Link-Info

Frame 10 (78 bytes on wire, 78 bytes captured)

Ethernet II, Src: 3com_ba:a5:ee (00:50:da:ba:a5:ee), Dst: Cisco_d8:58:00 (00:09:b6:d8:58:00)

Internet Protocol, Src: 172.17.47.140 (172.17.47.140), Dst: 10.0.0.138 (10.0.0.138)

Name, Vorname: Rachbauer Tamara

Matrikelnummer: MM | 100501

Transmission Control Protocol, Src Port: 1363 (1363), Dst Port: pptp (1723), Seq: 325, Ack: 189, Len: 24

Point-to-Point Tunnelling Protocol

No.	Time	Source	Destination	Protocol Info
11	0.075754	172.17.47.140	10.0.0.138	PPP LCP Configuration Request

Frame 11 (67 bytes on wire, 67 bytes captured)

Ethernet II, Src: 3com_ba:a5:ee (00:50:da:ba:a5:ee), Dst: Cisco_d8:58:00 (00:09:b6:d8:58:00)

Internet Protocol, Src: 172.17.47.140 (172.17.47.140), Dst: 10.0.0.138 (10.0.0.138)

Generic Routing Encapsulation (PPP)

    Flags and version: 0x3001

    Protocol Type: PPP (0x880b)

    Payload length: 21

    Call ID: 41180

    Sequence number: 0

Point-to-Point Protocol

PPP Link Control Protocol

No.	Time	Source	Destination	Protocol Info
12	0.093238	10.0.0.138	172.17.47.140	PPP LCP Configuration Reject

Frame 12 (65 bytes on wire, 65 bytes captured)

Ethernet II, Src: Cisco_d8:58:00 (00:09:b6:d8:58:00), Dst: 3com_ba:a5:ee (00:50:da:ba:a5:ee)

Internet Protocol, Src: 10.0.0.138 (10.0.0.138), Dst: 172.17.47.140 (172.17.47.140)

Generic Routing Encapsulation (PPP)

Flags and version: 0x3081

Protocol Type: PPP (0x880b)

Payload length: 15

Call ID: 16384

Sequence number: 1

Acknowledgement number: 0

Point-to-Point Protocol

PPP Link Control Protocol

No.   Time   Source   Destination   Protocol Info

  13 0.131191   10.0.0.138   172.17.47.140   TCP   pptp > 1363 [ACK]
Seq=189 Ack=349 Win=7504 Len=0

Frame 13 (60 bytes on wire, 60 bytes captured)

Ethernet II, Src: Cisco_d8:58:00 (00:09:b6:d8:58:00), Dst: 3com_ba:a5:ee (00:50:da:ba:a5:ee)

Internet Protocol, Src: 10.0.0.138 (10.0.0.138), Dst: 172.17.47.140 (172.17.47.140)

Transmission Control Protocol, Src Port: pptp (1723), Dst Port: 1363 (1363), Seq: 189, Ack: 349, Len: 0

No.   Time   Source   Destination   Protocol Info

  14 0.193509   172.17.47.140   10.0.0.138   GRE   Encapsulated PPP

Frame 14 (46 bytes on wire, 46 bytes captured)

Ethernet II, Src: 3com_ba:a5:ee (00:50:da:ba:a5:ee), Dst: Cisco_d8:58:00 (00:09:b6:d8:58:00)

Internet Protocol, Src: 172.17.47.140 (172.17.47.140), Dst: 10.0.0.138 (10.0.0.138)

Generic Routing Encapsulation (PPP)

Flags and version: 0x2081

Protocol Type: PPP (0x880b)

Payload length: 0

Call ID: 41180

Acknowledgement number: 1

No.	Time	Source	Destination	Protocol	Info
15 1.648434		10.0.0.138	172.17.47.140	PPP LCP	Configuration Request

Frame 15 (64 bytes on wire, 64 bytes captured)

Ethernet II, Src: Cisco_d8:58:00 (00:09:b6:d8:58:00), Dst: 3com_ba:a5:ee (00:50:da:ba:a5:ee)

Internet Protocol, Src: 10.0.0.138 (10.0.0.138), Dst: 172.17.47.140 (172.17.47.140)

Generic Routing Encapsulation (PPP)

   Flags and version: 0x3001

   Protocol Type: PPP (0x880b)

   Payload length: 18

   Call ID: 16384

   Sequence number: 2

Point-to-Point Protocol

PPP Link Control Protocol

No.	Time	Source	Destination	Protocol	Info
16 1.648692		172.17.47.140	10.0.0.138	PPP LCP	Configuration Ack

Frame 16 (68 bytes on wire, 68 bytes captured)

Ethernet II, Src: 3com_ba:a5:ee (00:50:da:ba:a5:ee), Dst: Cisco_d8:58:00 (00:09:b6:d8:58:00)

Name, Vorname: Rachbauer Tamara

Matrikelnummer: MM | 100501

Internet Protocol, Src: 172.17.47.140 (172.17.47.140), Dst: 10.0.0.138 (10.0.0.138)

Generic Routing Encapsulation (PPP)

    Flags and version: 0x3081

    Protocol Type: PPP (0x880b)

    Payload length: 18

    Call ID: 41180

    Sequence number: 1

    Acknowledgement number: 2

Point-to-Point Protocol

PPP Link Control Protocol

No.	Time	Source	Destination	Protocol	Info
17	1.766925	10.0.0.138	172.17.47.140	GRE	Encapsulated PPP

Frame 17 (60 bytes on wire, 60 bytes captured)

Ethernet II, Src: Cisco_d8:58:00 (00:09:b6:d8:58:00), Dst: 3com_ba:a5:ee (00:50:da:ba:a5:ee)

Internet Protocol, Src: 10.0.0.138 (10.0.0.138), Dst: 172.17.47.140 (172.17.47.140)

Generic Routing Encapsulation (PPP)

    Flags and version: 0x2081

    Protocol Type: PPP (0x880b)

    Payload length: 0

    Call ID: 16384

    Acknowledgement number: 1

No.	Time	Source	Destination	Protocol	Info
18	2.071539	172.17.47.140	10.0.0.138	PPP LCP	Configuration Request

Frame 18 (64 bytes on wire, 64 bytes captured)

Ethernet II, Src: 3com_ba:a5:ee (00:50:da:ba:a5:ee), Dst: Cisco_d8:58:00 (00:09:b6:d8:58:00)

Internet Protocol, Src: 172.17.47.140 (172.17.47.140), Dst: 10.0.0.138 (10.0.0.138)

Generic Routing Encapsulation (PPP)

   Flags and version: 0x3001

   Protocol Type: PPP (0x880b)

   Payload length: 18

   Call ID: 41180

   Sequence number: 2

Point-to-Point Protocol

PPP Link Control Protocol

No.	Time	Source	Destination	Protocol	Info
19	2.089192	10.0.0.138	172.17.47.140	PPP LCP	Configuration Reject

Frame 19 (62 bytes on wire, 62 bytes captured)

Ethernet II, Src: Cisco_d8:58:00 (00:09:b6:d8:58:00), Dst: 3com_ba:a5:ee (00:50:da:ba:a5:ee)

Internet Protocol, Src: 10.0.0.138 (10.0.0.138), Dst: 172.17.47.140 (172.17.47.140)

Generic Routing Encapsulation (PPP)

   Flags and version: 0x3081

   Protocol Type: PPP (0x880b)

   Payload length: 12

   Call ID: 16384

   Sequence number: 3

   Acknowledgement number: 2

Point-to-Point Protocol

PPP Link Control Protocol

No.	Time	Source	Destination	Protocol	Info
20	2.089430	172.17.47.140	10.0.0.138	PPP LCP	Configuration Request

Frame 20 (64 bytes on wire, 64 bytes captured)

Ethernet II, Src: 3com_ba:a5:ee (00:50:da:ba:a5:ee), Dst: Cisco_d8:58:00 (00:09:b6:d8:58:00)

Internet Protocol, Src: 172.17.47.140 (172.17.47.140), Dst: 10.0.0.138 (10.0.0.138)

Generic Routing Encapsulation (PPP)

    Flags and version: 0x3081

    Protocol Type: PPP (0x880b)

    Payload length: 14

    Call ID: 41180

    Sequence number: 3

    Acknowledgement number: 3

Point-to-Point Protocol

PPP Link Control Protocol

No.	Time	Source	Destination	Protocol	Info
21	2.107661	10.0.0.138	172.17.47.140	PPP LCP	Configuration Ack

Frame 21 (64 bytes on wire, 64 bytes captured)

Ethernet II, Src: Cisco_d8:58:00 (00:09:b6:d8:58:00), Dst: 3com_ba:a5:ee (00:50:da:ba:a5:ee)

Internet Protocol, Src: 10.0.0.138 (10.0.0.138), Dst: 172.17.47.140 (172.17.47.140)

Generic Routing Encapsulation (PPP)

Name, Vorname: Rachbauer Tamara

Matrikelnummer: MM | 100501

Flags and version: 0x3081

Protocol Type: PPP (0x880b)

Payload length: 14

Call ID: 16384

Sequence number: 4

Acknowledgement number: 3

Point-to-Point Protocol

PPP Link Control Protocol

No.	Time	Source	Destination	Protocol	Info
22	2.107921	172.17.47.140	10.0.0.138	PPTP	Set-Link-Info

Frame 22 (78 bytes on wire, 78 bytes captured)

Ethernet II, Src: 3com_ba:a5:ee (00:50:da:ba:a5:ee), Dst: Cisco_d8:58:00 (00:09:b6:d8:58:00)

Internet Protocol, Src: 172.17.47.140 (172.17.47.140), Dst: 10.0.0.138 (10.0.0.138)

Transmission Control Protocol, Src Port: 1363 (1363), Dst Port: pptp (1723), Seq: 349, Ack: 189, Len: 24

Point-to-Point Tunnelling Protocol

No.	Time	Source	Destination	Protocol	Info
23	2.108087	172.17.47.140	10.0.0.138	PPP LCP	Identification

Frame 23 (72 bytes on wire, 72 bytes captured)

Ethernet II, Src: 3com_ba:a5:ee (00:50:da:ba:a5:ee), Dst: Cisco_d8:58:00 (00:09:b6:d8:58:00)

Internet Protocol, Src: 172.17.47.140 (172.17.47.140), Dst: 10.0.0.138 (10.0.0.138)

Generic Routing Encapsulation (PPP)

28

Name, Vorname: Rachbauer Tamara

Matrikelnummer: MM | 100501

Flags and version: 0x3081

Protocol Type: PPP (0x880b)

Payload length: 22

Call ID: 41180

Sequence number: 4

Acknowledgement number: 4

Point-to-Point Protocol

PPP Link Control Protocol

No.	Time	Source	Destination	Protocol	Info
24	2.108112	172.17.47.140	10.0.0.138	PPP LCP	Identification

Frame 24 (78 bytes on wire, 78 bytes captured)

Ethernet II, Src: 3com_ba:a5:ee (00:50:da:ba:a5:ee), Dst: Cisco_d8:58:00 (00:09:b6:d8:58:00)

Internet Protocol, Src: 172.17.47.140 (172.17.47.140), Dst: 10.0.0.138 (10.0.0.138)

Generic Routing Encapsulation (PPP)

Flags and version: 0x3001

Protocol Type: PPP (0x880b)

Payload length: 32

Call ID: 41180

Sequence number: 5

Point-to-Point Protocol

PPP Link Control Protocol

No.	Time	Source	Destination	Protocol	Info
25	2.108141	172.17.47.140	10.0.0.138	PPP PAP	Authenticate-Request

Name, Vorname: Rachbauer Tamara

Matrikelnummer: MM | 100501

Frame 25 (85 bytes on wire, 85 bytes captured)

Ethernet II, Src: 3com_ba:a5:ee (00:50:da:ba:a5:ee), Dst: Cisco_d8:58:00 (00:09:b6:d8:58:00)

Internet Protocol, Src: 172.17.47.140 (172.17.47.140), Dst: 10.0.0.138 (10.0.0.138)

Generic Routing Encapsulation (PPP)

    Flags and version: 0x3001

    Protocol Type: PPP (0x880b)

    Payload length: 39

    Call ID: 41180

    Sequence number: 6

Point-to-Point Protocol

PPP Password Authentication Protocol

No.	Time	Source	Destination	Protocol	Info
26	2.125653	10.0.0.138	172.17.47.140	TCP	pptp > 1363 [ACK]

Seq=189 Ack=373 Win=7504 Len=0

Frame 26 (60 bytes on wire, 60 bytes captured)

Ethernet II, Src: Cisco_d8:58:00 (00:09:b6:d8:58:00), Dst: 3com_ba:a5:ee (00:50:da:ba:a5:ee)

Internet Protocol, Src: 10.0.0.138 (10.0.0.138), Dst: 172.17.47.140 (172.17.47.140)

Transmission Control Protocol, Src Port: pptp (1723), Dst Port: 1363 (1363), Seq: 189, Ack: 373, Len: 0

No.	Time	Source	Destination	Protocol	Info
27	2.147048	10.0.0.138	172.17.47.140	PPP PAP	Authenticate-Ack

Name, Vorname: Rachbauer Tamara

Matrikelnummer: MM | 100501

Frame 27 (83 bytes on wire, 83 bytes captured)

Ethernet II, Src: Cisco_d8:58:00 (00:09:b6:d8:58:00), Dst: 3com_ba:a5:ee (00:50:da:ba:a5:ee)

Internet Protocol, Src: 10.0.0.138 (10.0.0.138), Dst: 172.17.47.140 (172.17.47.140)

Generic Routing Encapsulation (PPP)

   Flags and version: 0x3081

   Protocol Type: PPP (0x880b)

   Payload length: 33

   Call ID: 16384

   Sequence number: 5

   Acknowledgement number: 6

Point-to-Point Protocol

PPP Password Authentication Protocol

No.	Time	Source	Destination	Protocol Info
28	2.147276	10.0.0.138	172.17.47.140	PPP IPCP Configuration Request

Frame 28 (60 bytes on wire, 60 bytes captured)

Ethernet II, Src: Cisco_d8:58:00 (00:09:b6:d8:58:00), Dst: 3com_ba:a5:ee (00:50:da:ba:a5:ee)

Internet Protocol, Src: 10.0.0.138 (10.0.0.138), Dst: 172.17.47.140 (172.17.47.140)

Generic Routing Encapsulation (PPP)

   Flags and version: 0x3001

   Protocol Type: PPP (0x880b)

   Payload length: 14

   Call ID: 16384

   Sequence number: 6

Point-to-Point Protocol

Name, Vorname: Rachbauer Tamara

Matrikelnummer: MM | 100501

PPP IP Control Protocol

No.	Time	Source	Destination	Protocol Info
29	2.148828	172.17.47.140	10.0.0.138	PPP IPCP Configuration Request

Frame 29 (88 bytes on wire, 88 bytes captured)

Ethernet II, Src: 3com_ba:a5:ee (00:50:da:ba:a5:ee), Dst: Cisco_d8:58:00 (00:09:b6:d8:58:00)

Internet Protocol, Src: 172.17.47.140 (172.17.47.140), Dst: 10.0.0.138 (10.0.0.138)

Generic Routing Encapsulation (PPP)

  Flags and version: 0x3081

  Protocol Type: PPP (0x880b)

  Payload length: 38

  Call ID: 41180

  Sequence number: 7

  Acknowledgement number: 6

Point-to-Point Protocol

PPP IP Control Protocol

No.	Time	Source	Destination	Protocol Info
30	2.148858	172.17.47.140	10.0.0.138	PPP IPCP Configuration Ack

Frame 30 (60 bytes on wire, 60 bytes captured)

Ethernet II, Src: 3com_ba:a5:ee (00:50:da:ba:a5:ee), Dst: Cisco_d8:58:00 (00:09:b6:d8:58:00)

Internet Protocol, Src: 172.17.47.140 (172.17.47.140), Dst: 10.0.0.138 (10.0.0.138)

Generic Routing Encapsulation (PPP)

  Flags and version: 0x3001

Protocol Type: PPP (0x880b)

Payload length: 14

Call ID: 41180

Sequence number: 8

Point-to-Point Protocol

PPP IP Control Protocol

No.	Time	Source	Destination	Protocol Info
31	2.167285	10.0.0.138	172.17.47.140	PPP IPCP Configuration Reject

Frame 31 (70 bytes on wire, 70 bytes captured)

Ethernet II, Src: Cisco_d8:58:00 (00:09:b6:d8:58:00), Dst: 3com_ba:a5:ee (00:50:da:ba:a5:ee)

Internet Protocol, Src: 10.0.0.138 (10.0.0.138), Dst: 172.17.47.140 (172.17.47.140)

Generic Routing Encapsulation (PPP)

   Flags and version: 0x3081

   Protocol Type: PPP (0x880b)

   Payload length: 20

   Call ID: 16384

   Sequence number: 7

   Acknowledgement number: 7

Point-to-Point Protocol

PPP IP Control Protocol

No.	Time	Source	Destination	Protocol Info
32	2.167488	10.0.0.138	172.17.47.140	PPP IPCP Configuration Nak

Name, Vorname: Rachbauer Tamara

Matrikelnummer: MM | 100501

Frame 32 (72 bytes on wire, 72 bytes captured)

Ethernet II, Src: Cisco_d8:58:00 (00:09:b6:d8:58:00), Dst: 3com_ba:a5:ee (00:50:da:ba:a5:ee)

Internet Protocol, Src: 10.0.0.138 (10.0.0.138), Dst: 172.17.47.140 (172.17.47.140)

Generic Routing Encapsulation (PPP)

   Flags and version: 0x3001

   Protocol Type: PPP (0x880b)

   Payload length: 26

   Call ID: 16384

   Sequence number: 8

Point-to-Point Protocol

PPP IP Control Protocol

No.	Time	Source	Destination	Protocol Info
33	2.169029	172.17.47.140	10.0.0.138	PPP IPCP Configuration Request

Frame 33 (76 bytes on wire, 76 bytes captured)

Ethernet II, Src: 3com_ba:a5:ee (00:50:da:ba:a5:ee), Dst: Cisco_d8:58:00 (00:09:b6:d8:58:00)

Internet Protocol, Src: 172.17.47.140 (172.17.47.140), Dst: 10.0.0.138 (10.0.0.138)

Generic Routing Encapsulation (PPP)

   Flags and version: 0x3081

   Protocol Type: PPP (0x880b)

   Payload length: 26

   Call ID: 41180

   Sequence number: 9

   Acknowledgement number: 8

Point-to-Point Protocol

34

Name, Vorname: Rachbauer Tamara

Matrikelnummer: MM | 100501

PPP IP Control Protocol

No.	Time	Source	Destination	Protocol Info
34	2.186985	10.0.0.138	172.17.47.140	PPP IPCP Configuration Nak

Frame 34 (76 bytes on wire, 76 bytes captured)

Ethernet II, Src: Cisco_d8:58:00 (00:09:b6:d8:58:00), Dst: 3com_ba:a5:ee (00:50:da:ba:a5:ee)

Internet Protocol, Src: 10.0.0.138 (10.0.0.138), Dst: 172.17.47.140 (172.17.47.140)

Generic Routing Encapsulation (PPP)

Flags and version: 0x3081

Protocol Type: PPP (0x880b)

Payload length: 26

Call ID: 16384

Sequence number: 9

Acknowledgement number: 9

Point-to-Point Protocol

PPP IP Control Protocol

No.	Time	Source	Destination	Protocol Info
35	2.187245	172.17.47.140	10.0.0.138	PPP IPCP Configuration Request

Frame 35 (76 bytes on wire, 76 bytes captured)

Ethernet II, Src: 3com_ba:a5:ee (00:50:da:ba:a5:ee), Dst: Cisco_d8:58:00 (00:09:b6:d8:58:00)

Internet Protocol, Src: 172.17.47.140 (172.17.47.140), Dst: 10.0.0.138 (10.0.0.138)

Generic Routing Encapsulation (PPP)

Flags and version: 0x3081

Protocol Type: PPP (0x880b)

Payload length: 26

Call ID: 41180

Sequence number: 10

Acknowledgement number: 9

Point-to-Point Protocol

PPP IP Control Protocol

No.	Time	Source	Destination	Protocol Info
36	2.204496	10.0.0.138	172.17.47.140	PPP IPCP Configuration Ack

Frame 36 (76 bytes on wire, 76 bytes captured)

Ethernet II, Src: Cisco_d8:58:00 (00:09:b6:d8:58:00), Dst: 3com_ba:a5:ee (00:50:da:ba:a5:ee)

Internet Protocol, Src: 10.0.0.138 (10.0.0.138), Dst: 172.17.47.140 (172.17.47.140)

Generic Routing Encapsulation (PPP)

Flags and version: 0x3081

Protocol Type: PPP (0x880b)

Payload length: 26

Call ID: 16384

Sequence number: 10

Acknowledgement number: 10

Point-to-Point Protocol

PPP IP Control Protocol

No.	Time	Source	Destination	Protocol Info

Name, Vorname: Rachbauer Tamara

Matrikelnummer: MM | 100501

37 2.235356   85.124.73.165   255.255.255.255   DHCP   DHCP Inform   - Transaction ID 0x5a01aa48

Frame 37 (382 bytes on wire, 382 bytes captured)

Ethernet II, Src: 3com_ba:a5:ee (00:50:da:ba:a5:ee), Dst: Cisco_d8:58:00 (00:09:b6:d8:58:00)

Internet Protocol, Src: 172.17.47.140 (172.17.47.140), Dst: 10.0.0.138 (10.0.0.138)

Generic Routing Encapsulation (PPP)

   Flags and version: 0x3081

   Protocol Type: PPP (0x880b)

   Payload length: 332

   Call ID: 41180

   Sequence number: 11

   Acknowledgement number: 10

Point-to-Point Protocol

Internet Protocol, Src: 85.124.73.165 (85.124.73.165), Dst: 255.255.255.255 (255.255.255.255)

User Datagram Protocol, Src Port: bootpc (68), Dst Port: bootps (67)

Bootstrap Protocol

No.	Time	Source	Destination	Protocol	Info
38	2.357808	10.0.0.138	172.17.47.140	GRE	Encapsulated PPP

Frame 38 (60 bytes on wire, 60 bytes captured)

Ethernet II, Src: Cisco_d8:58:00 (00:09:b6:d8:58:00), Dst: 3com_ba:a5:ee (00:50:da:ba:a5:ee)

Internet Protocol, Src: 10.0.0.138 (10.0.0.138), Dst: 172.17.47.140 (172.17.47.140)

Generic Routing Encapsulation (PPP)

Name, Vorname: Rachbauer Tamara

Matrikelnummer: MM | 100501

Flags and version: 0x2081

Protocol Type: PPP (0x880b)

Payload length: 0

Call ID: 16384

Acknowledgement number: 11

www.ingramcontent.com/pod-product-compliance
Lightning Source LLC
La Vergne TN
LVHW042303060326
832902LV00009B/1243